8023

AF240181

RÉPONSE

AU RAPPORT

SUR LES THERMES DE SAINT-AMAND

Lu par M. GUILBERT, dans la séance du Conseil général du
département du Nord, le 19 août 1861.

RÉPONSE

AU RAPPORT

SUR LES THERMES DE SAINT-AMAND

Lu par M. Guilbert, dans la séance du Conseil général du
département du Nord, le 19 août 1861.

Dans un rapport sur les Thermes de Saint-Amand, lu
le 19 août dernier au conseil général, il est dit, à l'occasion d'une allocation de 700 fr. faite pour des travaux
d'appropriation d'une partie de bois que l'administration désire adjoindre à cet établissement : « Ce nouveau
sacrifice sera pour le concessionnaire une obligation de
plus d'exécuter les conditions de son traité. Beaucoup
de plaintes s'élèvent sur le régime intérieur de l'hôtel,
sur le délabrement des bains et l'état de malpropreté
général. On reproche avec raison au concessionnaire
de ne rien faire pour procurer aux pensionnaires les
distractions qui leur sont nécessaires; enfin le service
médical est aussi fort négligé. Il est essentiel que M. le
préfet mette le concessionnaire en demeure de remédier aux abus signalés, sinon il y aurait lieu de provo-
quer la résiliation de la concession. »

Dès que j'eus connaissance de ce rapport, j'écrivis au
président du conseil pour protester contre toutes les
assertions qu'il renferme, en prenant l'engagement d'y
répondre; c'est cette promesse que je viens remplir
aujourd'hui, en prouvant que rien, absolument rien,

1861

Ie 163
1481

n'est fondé dans ce qui a été avancé au conseil concernant l'établissement que je dirige.

Lorsque j'étais médecin inspecteur des Thermes de Saint-Amand, voyant combien était efficace le principal moyen de traitement qu'ils renferment, —les boues,— je formai le projet de les relever de la fâcheuse opinion qui pesait sur eux depuis de longues années. Pour arriver à mon but, mon titre seul de médecin de l'établissement ne suffisait pas; il fallait que je prisse la haute direction de l'établissement; c'est ce qui arriva en 1857, quand je devins concessionnaire, après avoir racheté à mon prédécesseur les dix années de bail qu'il avait encore, et le mobilier existant alors, pour la somme de 59,000 fr.

Aussitôt mon contrat passé avec le département, je fis faire aux Thermes de nouvelles constructions, des travaux de réparations et d'embellissements, qui donnèrent aux bâtiments un tout autre aspect; et ces dépenses, jointes à celles faites pour une augmentation considérable de mobilier, se montèrent à près de 46,000 fr. C'est donc 105,000 fr. que j'ai mis dans cette entreprise, sans compter ce que j'y mettrai encore.

Après tant d'argent dépensé, ne pas entretenir convenablement l'établissement, c'eût été bien mal comprendre mes intérêts; aussi l'a-t-il été constamment, bien que cet entretien soit très-coûteux. En effet, la rotonde des boues et les bâtiments qui renferment les cabinets de bains et de douches sont situés sur un sol que pénètrent sans cesse les sources d'eau minérale, ce qui maintient ces constructions dans une humidité constante, à laquelle rien ne saurait remédier; qu'on ajoute que, pendant trois mois, et plus, de l'année, les parois des cabinets de douches sont constamment couvertes d'eau; que du gaz hydrosulfurique s'échappe continuellement des eaux et des boues : et l'on verra

que l'établissement est soumis à des causes constantes
de destruction, qui agissent principalement sur les bois,
les fers, les plâtrages, les couleurs ; l'on trouvera dès lors
peu étonnant qu'il s'y opère des dégradations, malgré
tous les soins qu'on prend pour les éviter ; mais elles ne
sont jamais étendues ni de longue durée, car tous les
ans, avant l'ouverture de la saison, tout est réparé, tout
est repeint [1].

Je puis donc dire que rien n'est négligé pour maintenir l'établissement dans un bon état d'entretien. Voyons
maintenant s'il est possible de le tenir plus proprement
qu'il ne l'est.

Avant que la saison des eaux soit ouverte, tous les
appartements du rez-de-chaussée et de l'étage, tous les
corridors, tous les escaliers qui ne sont pas peints, sont
parfaitement lavés ; le salon seul est ciré ; encore les
malades ne s'en montrent pas satisfaits, parce qu'un
grand nombre d'entre eux, ayant la marche mal assu-
rée, par suite de maladies des extrémités inférieures,
pourraient facilement tomber sur des planches glissan-
tes. Ce lavage se répète toutes les semaines pour la salle
à manger, les escaliers, les cabinets de bains et les car-
rés, et tous les jours pour la cuisine et ses dépendances.
—A l'ouverture de la saison tous les bâtiments, tant à
l'extérieur qu'à l'intérieur, ont un aspect de très-grande
propreté, et l'on fait tout ce qu'il est possible pour la
maintenir, bien que quatre-vingts à cent personnes par-
courent constamment en tous sens cette vaste habita-
tion pendant une très-grande partie de la saison.

Passons au régime alimentaire de l'hôtel. Il y a trois
tables : la première à 5 fr. par jour, la deuxième à 4 fr.
et la troisième à 3 fr. De grand matin tous les pensionnaires indistinctement, les indigents comme les autres,

[1] La seule maison Bériot père et fils, de Moulins-lez-Lille, me livre
chaque année pour 2 à 300 fr. de céruse et de blanc de zinc.

ont du thé, du café au lait ou du chocolat, à leur choix. A ceux de la première table, on sert pour le second déjeuner deux plats de viande, un de légumes et du dessert, et au dîner un potage, trois plats de viande, deux de légumes, une salade, un entremets sucré et un dessert; deux fois la semaine, le dimanche et le jeudi, on ajoute un quatrième plat de viande à leur ordinaire. La deuxième table a au dîner un potage, deux plats de viande, deux plats de légumes, une salade, du dessert, et deux fois dans la semaine un entremets sucré. Au souper, deux plats de viande et un de légumes. La troisième table a au dîner un potage, deux plats de viande, un de légumes, et au souper deux plats de viande et une salade.

Toutes les denrées sont de première qualité, et la cuisine est faite par un chef auquel on donne 150 fr. par mois, non compris des gratifications. Je regrette d'entrer dans tous ces détails de ménage; mais on m'y a forcé.

Je m'empresse d'aborder la question du service de santé, qui, selon le rapport, ne serait pas fait d'une manière convenable. La critique n'a pas moins tort sur ce point que sur le précédent.

Depuis l'an IX de la République, époque où l'hôpital militaire que renfermaient les Thermes de Saint-Amand a été supprimé, cet établissement n'a plus eu de médecin sédentaire; tous ceux qui y ont été attachés n'y allaient que tous les deux jours faire une visite de quelques heures. Lorsque je devins concessionnaire, je compris tous les avantages qui pourraient résulter de la présence continuelle d'un médecin dans l'établissement, et je pris le parti d'y fixer ma résidence. Dès ce moment, le service de santé changea complétement; je dois, pour le démontrer, remonter à une époque où eut lieu une amélioration importante.

La température naturelle des boues est insuffisante :

elle ne s'élève qu'à 21 ou 22° cent.; cet inconvénient était tellement senti que, lorsqu'en 1837 l'État et le département firent reconstruire les Thermes de Saint-Amand, on chercha, à l'aide d'un appareil compliqué et très-coûteux, à augmenter la chaleur de l'agent thérapeutique; cet appareil consistait en un nombre considérable de tuyaux qui déversaient, au moment du service, de l'eau chaude dans le bassin de boues; fort heureusement, il ne put fonctionner que très-peu de temps : car, mêlant de l'eau à la boue minéralisée, il nuisait grandement à son action en l'affaiblissant. Les bains continuèrent à se prendre comme auparavant, et comme il fallait attendre tout à fait la belle saison pour que les rayons solaires réfléchis dans la rotonde des boues les échauffassent avant qu'on pût s'y plonger, la saison avait rarement plus de deux mois et demi de durée.

Lorsque je fus nommé médecin des Thermes, sentant ce qu'avait de fâcheux cette basse température des boues, dans lesquelles on grelottait jusqu'à ce que le calorique rayonnant du corps leur eût donné plus de chaleur, je cherchai à parer à ce grand inconvénient; j'y parvins, je ne dirai pas sans nuire à l'effet des boues, mais en y ajoutant; et depuis lors la saison s'est prolongée de plus d'un mois. C'est un service que j'ai rendu, et personne ne le contestera.

Mais le chauffage des boues au gré de chaque malade n'est pas chose facile, parce que la sensibilité tactile diffère autant que la sensibilité morale : le bain qui sera chaud pour un malade sera presque froid pour un autre, et entre ces deux manières de sentir se trouvent bien des nuances. Pour un bain d'eau il suffit d'ouvrir un robinet d'eau froide et un d'eau chaude pour le mettre au degré de chaleur que l'on veut; mais il n'en peut être de même pour les boues, dont la densité ne permet pas que le calorique communiqué s'y répartisse partout aussi vite que dans l'eau, et par conséquent qu'on les mette facilement au degré de température que désire chaque malade.

Tous les jours, à cinq heures du matin, je suis sur pied pour surveiller moi-même sur place l'administration des bains et des douches, et indiquer la case de boue que chaque malade doit occuper d'après la nature et le degré de son affection, parce qu'elles n'ont pas toutes la même valeur thérapeutique, ce qu'une longue observation m'a démontré. Avant moi, ces soins étaient entièrement abandonnés aux employés; aussi obtenons-nous aujourd'hui des résultats plus favorables qu'on n'en avait autrefois.

Dira-t-on que ce que j'ai fait, un médecin inspecteur de l'établissement l'aurait fait? Mais aucun médecin ne sacrifiera sa clientèle pour aller résider, comme moi, aux Thermes de Saint-Amand; d'ailleurs, qu'importe que ce soit moi ou un de mes confrères? Dans un de ses rapports au conseil général, M. Guilbert ne m'a-t-il pas reconnu comme un *médecin habile*, et n'ai-je pas aujourd'hui, moi comme concessionnaire, beaucoup plus d'intérêt que tout autre à ce que tous les services s'exécutent bien?

La loi, les ordonnances, les décrets n'ont point attaché de médecin aux établissements thermaux pour donner des soins aux malades qui les fréquentent; ceux-ci sont parfaitement libres d'accorder leur confiance à qui bon leur semble; les fonctions d'inspecteur consistent à veiller à la conservation des sources, à ce que les eaux minérales artificielles soient toujours conformes aux formules approuvées, à surveiller la distribution des eaux, l'usage qui en est fait par les malades, et surtout à relever les observations des maladies pour en faire un rapport au ministre de l'intérieur. Eh bien!

ces fonctions sont tellement bien remplies par mon honorable confrère, M. Marbotin, que l'année dernière l'Académie impériale de médecine lui a décerné une mention honorable, distinction d'autant plus flatteuse que cette société savante ne prodigue pas ses récompenses : elle n'en a accordé que six pour les quatre-vingt-deux établissements thermaux qui existent en France.

Je viens de dire que les malades pouvaient demander des conseils à qui bon leur semblait. Mon titre de concessionnaire ne m'ôtant pas celui de médecin, il est naturel qu'ils s'adressent souvent à moi, qui nuit et jour me mets gratuitement à leur disposition. — Je dis gratuitement, car toujours je refuse les honoraires qu'on veut me donner. Je termine ce point de la discussion en disant, comme j'en ai le droit, que le service de santé, loin d'être négligé, se fait peut être mieux dans nos Thermes que dans tous les autres établissements du même genre ; et je mets qui que ce soit au défi de prouver le contraire.

On prétend que je ne fais rien pour procurer de la distraction à mes pensionnaires. Examinons d'abord ce qui existe à l'établissement dans le but de prévenir ou de dissiper l'ennui. J'ai établi une salle de trente mètres de longueur, remplie de jeux, dont un billard. Le salon a un piano et la plupart des jeux qu'on joue assis, comme trictrac, échecs, dames, dominos, cartes, etc. Il y a huit journaux, soit politiques, soit feuilles illustrées ou revues littéraires, une petite bibliothèque placée à la direction ; tout cela est mis gratuitement à la disposition des pensionnaires. Qu'on joigne à ces ressources de magnifiques promenades, et l'on conviendra que voilà bien de quoi faire passer sans ennui aux malades les quelques heures de la journée qui ne sont pas employées au traitement et aux repas. Pourquoi, me dira-t-on sans doute, ne pas donner des bals et des concerts ? Des bals ! Mais pour

danser il faut avoir des danseurs. Eh bien! dans le fort
de cette saison, alors que l'établissement était rempli
de monde, on ne put trouver huit jambes valides pour
faire une contredanse. Je sais qu'il n'en a pas été toujours ainsi : dans les années précédentes, on a dansé le
soir au piano; mais alors venaient les plaintes : car, tandis que vingt personnes sautaient dans le salon, vingt,
quarante autres, couchées au-dessus, et qui devaient
le lendemain se lever à cinq heures du matin pour leur
traitement, maugréaient d'être empêchées de dormir
par le bruit qui se faisait au-dessous d'elles. Quant aux
concerts, il n'est pas nécessaire d'avoir de bonnes jambes pour les entendre; mais il faut de l'argent, et beaucoup, car on ne peut guère organiser un concert sup-
portable pour les personnes qui ont le sentiment de la
musique à moins d'un millier de francs. Or, qui les
payerait? Cela est facile dans les établissements thermaux qui reçoivent à la fois plusieurs centaines de malades; mais celui de Saint-Amand n'en peut recevoir,
quoi qu'on fasse, qu'un nombre très-borné, parce que
celui des cases de boues est restreint. A entendre le
rapport que M. Guilbert a lu au conseil général en 1856,
« cet établissement, par sa position heureuse au centre
des populations aisées, par les sites agréables qui l'envi-
ronnent, par le voisinage d'une belle forêt de l'État qui
y touche et en devient une véritable dépendance, mais
surtout par le double avantage des propriétés curatives
de ses eaux sulfureuses, comparables aux meilleures
sources renommées d'autres eaux en vogue, et de ses
boues, qu'on ne rencontre nulle part ailleurs, dont les
effets pour la guérison des blessures ou de la paralysie
des membres sont attestés par des résultats positifs et
des faits irrécusables, devrait être chaque année, pendant la saison des eaux, le centre d'une réunion nombreuse de personnes, venant, les unes par amusement,

pour y avoir tous les agréments de la vie champêtre avec les plaisirs de la ville, qu'amène nécessairement une société nombreuse et choisie; les autres pour y trouver un remède à leurs souffrances et y jouir en même temps des distractions du monde. Saint-Amand, en un mot, à une époque comme la nôtre, où la mode et le désir de la locomotion font un besoin à presque toutes les familles d'avoir chaque année un but de voyage pendant quelques semaines, devrait être le château de plaisance de campagne pour les habitants du département du Nord et de la partie avoisinante de la Belgique. Il en résulterait un avantage positif pour le département, puisqu'il y aurait augmentation de richesse sur l'un des points de son territoire, et qu'une partie de l'argent qui se dépense à l'étranger resterait chez nous; ce serait donc un acte de bonne administration que de prendre les mesures propres à donner à l'établissement de Saint-Amand tout le lustre et la vogue qu'il devrait avoir, et le conseil général doit y aider de toutes ses forces. »

Voilà, certes, des perspectives séduisantes; mais la réalité, quelle est-elle? Laissons parler les faits.

En 1816, madame de Gourville, de Paris, prit la concession des Thermes de Saint-Amand. *Elle y réunit tous les agréments de la vie champêtre et les plaisirs de la ville.* On répondit à son appel; ce fut une époque brillante; on venait de toute la contrée; les routes étaient sillonnées par de beaux équipages; mais ce temps fut court : après trois années on vendit par autorité de justice, sur la place de Saint-Amand, les meubles de cette dame, qui, dit-on, avait mis une très-grosse somme dans son entreprise. A la suite d'un essai aussi malheureux, nos Thermes retombèrent dans le calme où ils étaient depuis le commencement de la Révolution.

En 1838, ils reprirent, par suite de leur reconstruction, un peu de vie ; les malades revinrent en assez bon nombre. On fit un nouvel appel aux promeneurs. Deux ou trois fois par semaine des omnibus en amenaient un grand nombre ; souvent on voyait des tables de quatre-vingts à cent personnes. Malheureusement encore, cet état, prospère en apparence, ne fut pas de longue durée. Comme c'était au milieu de l'été, qu'on ne pouvait faire de grands approvisionnements, il arrivait souvent qu'il fallait rogner la portion des malades pour faire manger les bien portants ; et, ce qui est plus triste à dire, c'est que les premiers, qui, alors comme aujourd'hui, étaient pour la plupart atteints de maladies graves des articulations, qui leur rendaient la marche défectueuse, devenaient souvent l'objet des moqueries insultantes des promeneurs ; aussi choisissaient-ils ces jours pour aller, après leur traitement, passer ailleurs le reste de la journée. C'est à cette époque que M. Vaïsse, alors préfet du département du Nord, en parlant des Thermes de Saint-Amand, disait au conseil général : *Ils ne seront bientôt plus qu'une hôtellerie, un lieu de promenades publiques.* — Non, ils ne seront jamais, tant que je les dirigerai, ni une hôtellerie, ni un lieu de promenades publiques, ni même un *château de plaisance de campagne* pour les habitants du Nord et de la Belgique, comme le désire M. le rapporteur ; ils resteront ce qu'ils doivent être : un établissement consacré aux malades, tel que l'a voulu l'État quand il l'a cédé au département du Nord. C'est aussi, j'en suis certain, le vœu de l'administration supérieure.

Il ne m'appartient pas de déprécier l'efficacité de nos eaux ; mais si M. le rapporteur était chimiste ou médecin, je répondrais à l'erreur et à l'exagération qu'il commet dans l'appréciation de leurs éléments et de leur puissance thérapeutique.

On se tromperait singulièrement en pensant que nos

Thermes pourraient devenir *aujourd'hui le centre d'une
réunion nombreuse de personnes venues pour y trouver
tous les agréments de la vie champêtre avec les plaisirs
de la ville.* Nous n'avons rien à opposer aux établissements de ce genre placés la plupart dans les sites les
plus pittoresques de l'Allemagne, de la Suisse et des
Pyrénées, où la beauté des lieux, la puissance des eaux,
attirent les malades; nous n'avons pas les jeux de
hasard, qui déterminent la préférence d'un si grand
nombre de personnes. Nous pouvons bien moins encore
retenir cette foule qui chaque année se précipite vers
les rivages de la mer, autant par raison de santé que
pour y jouir du spectacle le plus grand, le plus émou-
vant que la nature présente. Nos Thermes n'ont point
de jouissances pareilles à offrir; par la nature des
choses, par le petit nombre de malades (de vrais malades) qu'ils peuvent admettre, ils sont voués à une
existence éminemment utile, mais essentiellement
modeste, que rien au monde ne pourrait changer.
Tenter leur transformation, c'est vouloir les perdre;
la promettre, c'est tromper le public.

Admettons cependant pour un instant que c'est moi
qui me trompe; augmentons nos moyens de distraction;
supposons que nous ayons alors, non pas plus de malades, mais plus de gens qui recherchent les plaisirs. Eh
bien! quand ceux-ci déjà auront occupé une partie de
l'établissement, où les autres iront-ils se loger? Où ils
pourront, dira-t-on sans doute. La réponse ne serait
guère humaine, ni bien propre à accréditer un établissement de santé. D'un autre côté, personne ne peut
ignorer que les malades doivent rester le plus près possible des moyens de traitement pour en assurer les effets.

Néanmoins il ne faudrait pas croire que nous ne re-
cevons que des malades; plus de la moitié d'entre eux
sont accompagnés de parents, d'amis, de domestiques

qui leur donnent des soins particuliers. Toujours aussi des personnes délicates viennent uniquement pour respirer un air excellent, dont la pureté est due à la magnifique forêt qui nous environne de toutes parts, et dont l'heureuse influence ne manque jamais d'être favorable à la santé. Aussi tous les appartements sont occupés maintenant durant une bonne partie de la saison. Qu'est-il nécessaire dès lors d'appeler à notre établissement les personnes qui ne veulent que des distractions bruyantes, désagréables et souvent nuisibles à la plupart de nos pensionnaires?

Mais pourquoi accumuler tant de preuves de l'injustice des critiques qu'on m'adresse? Une seule peut suffire. Depuis six ans que je dirige les Thermes de Saint-Amand, la moyenne du nombre des malades a plus que doublé, comparativement à celle qu'ils ont eue depuis soixante-dix ans. A aucune époque, dans aucune année ils n'ont été aussi nombreux que maintenant; ce fait, facile à constater, renverse tout le frêle échafaudage d'accusations qu'on s'est efforcé d'élever. Comment suis-je arrivé à ce résultat? Comment ai-je pu à ce point réhabiliter nos Thermes dans l'esprit du public et des médecins? M. Guilbert a répondu à cette question dans son rapport du 26 août 1857 au conseil général du département du Nord : « J'ai reconnu, dit-il, que *M. le docteur Charpentier se dévoue avec zèle à l'œuvre qu'il a entreprise, et n'y épargne ni ses soins ni ses sacrifices.* » Le même langage élogieux a continué encore sous sa plume, en 1859, dans un article d'un journal de Valenciennes, publié à l'occasion de la fête donnée pour la consécration de la chapelle que j'ai fait établir. J'ajouterai que ce n'est pas seulement par ma sollicitude incessante que je suis parvenu à ramener la prospérité aux Thermes, si tristement oubliés avant moi que beaucoup de médecins ne savaient pas même leur nom. Si j'ai obtenu le succès, c'est aussi en grande partie en publiant chaque année, soit dans les journaux de médecine, soit dans des écrits particuliers, les faits nombreux et authentiques qui constatent la grande efficacité de nos boues, efficacité telle que je la considère comme bien supérieure à celle des eaux minérales sulfureuses les plus suivies, car elles opèrent chaque année des guérisons de maladies qui avaient résisté à celles-ci comme à toutes les autres ressources de la médecine; et les guérisons seraient plus fréquentes si les malades n'attendaient pas le plus souvent sept ou huit ans et plus avant de venir nous demander un remède à leurs souffrances.

Le plan que je me suis tracé pour réhabiliter les Thermes de Saint-Amand et les relever du long discrédit où ils étaient tombés a pour lui l'approbation de l'autorité supérieure et la sanction du succès; j'ai mérité et obtenu la bienveillance et les témoignages de satisfaction de MM. les préfets du Nord. Je n'ai encouru aucun blâme, même aucune critique du conseil général. Tant que ces hautes approbations ne me feront pas défaut, et j'ai le droit d'y compter, je continuerai d'agir, les années prochaines, comme j'ai agi durant les années précédentes. Je n'aurai à redouter ni rapports ni menaces. Dans des circonstances bien moins favorables, on sait comment a prononcé le Conseil d'État, en maintenant le concessionnaire. Un ami de M. le rapporteur m'a laissé entendre que ce n'est pas la voie légale que suivraient envers moi ceux qui ont cru devoir se porter mes accusateurs; c'est à l'aide de continuelles tracasseries qu'on chercherait à me faire quitter la place. S'il en était ainsi, on se livrerait à une singulière illusion; on se croirait donc en possession d'une bien grande influence, et l'on ferait à l'administration l'injure de la regarder comme capable de devenir l'instrument d'une animosité personnelle ! Non, ce calcul serait déçu. M. le préfet a reconnu que *par mes soins la situation des Thermes de Saint-Amand avait beaucoup gagné;* et ce magistrat est en position de connaître parfaitement cette situation. Il la sait assurément mieux que ceux qui viennent passer aux Thermes *une heure* hors de la saison, ou qui vont recueillir les doléances de malades moroses, trompés dans leurs espérances de guérison, des gens blasés qui s'ennuient partout, mécontents de tout ce qui satisfait les autres, ou d'envieux dont la prospérité de l'établissement irrite la jalousie. Ces sortes de personnes se rencontrent partout; est-ce sur leur dire qu'un juge impartial irait fonder son opinion?

Veut-on s'en rapporter sérieusement au sentiment des malades? J'y consens, je le demande. J'ai et j'offre l'adresse de tous ceux qui sont venus cette année; qu'on les interroge : je déclare, sans crainte de démenti, qu'à l'exception d'un seul, tous sont venus, en me quittant, me serrer affectueusement la main et me remercier. Apparemment ils savent comment ils ont été traités, et ce n'est pas eux qui auraient induit en erreur le conseil général. J'attends avec confiance le retour de la même expérience l'année prochaine, tout comme j'attends aussi les explications qui pourraient justifier les allégations inattendues dirigées cette année contre moi dans le rapport présenté au conseil général, après les éloges qu'on me donnait il y a si peu de temps encore.

Tout a dû me surprendre dans les attaques dont je viens d'être l'objet. J'ai d'autant plus lieu de m'en étonner que jusqu'alors les relations de l'auteur du rapport avec moi étaient bienveillantes. Quelle a pu être la cause d'un si brusque et si complet changement? Je crois l'avoir trouvée, et c'est mon droit de la signaler.

L'année dernière, un médecin postula inutilement la place de médecin adjoint des Thermes de Saint-Amand; il revint cette année sur sa demande, et m'a dit, à moi-même, qu'il comptait bien cette fois réussir, parce qu'il était protégé. Peu de jours après, M. le préfet me fit l'honneur de me demander mon opinion sur l'opportunité de cette nomination; convaincu de sa complète inutilité, presque certain qu'un conflit ne tarderait pas à avoir lieu entre les deux médecins, et que leur désaccord jetterait de la perturbation dans le service de santé de l'établissement, je donnai un avis contraire, longuement motivé, et aussitôt j'en informai le postulant.

Ce protecteur sur lequel on comptait, ne serait-ce pas M. le rapporteur? L'opinion consciencieuse que j'ai exprimée sur la demande ne l'aurait-elle pas irrité? Ne serait-ce pas sous l'influence de son ressentiment qu'il aurait écrit son rapport? Il faut bien que je le pense, puisque aucun autre fait ne peut m'expliquer comment M. Guilbert a tout à coup si durement critiqué ce qu'il avait auparavant approuvé, et changé en attaques violentes les bons témoignages qu'il avait donnés à l'établissement des boues, tandis que moi je marche toujours dans la même voie de progrès, et qu'à force de sacrifices j'ai réalisé des améliorations qui auraient dû continuer à m'attirer ses éloges, et qui ont reçu ceux du public et de l'autorité. Et qu'on ne s'y trompe pas : je ne suis pas seul à m'étonner d'une attaque tournée inopinément et publiquement contre la considération et les intérêts d'un citoyen, contre les intérêts même du département dont elle tend à discréditer, sans motif et sans preuve, un important établissement.

Personne, pas même M. le rapporteur, n'a pu croire que je resterais silencieusement sous le coup d'une

agression, et que je reculerais devant une menace. Je
suis assez connu pour que nulle part une pareille sup-
position puisse être acceptée. On me voit aujourd'hui,
on me verra toujours, en présence des fausses imputa-
tions, si l'on en dirigeait encore contre moi, lever la
tête avec l'indignation d'un homme de cœur injuste-
ment accusé, et qui a la conscience d'avoir rempli tous
ses devoirs.

CHARPENTIER,

Docteur-médecin, membre correspondant
de l'Académie impériale de médecine.

Paris.—Imprimé chez Bonaventure et Ducessois, quai des Augustins, 55.

www.ingramcontent.com/pod-product-compliance
Lightning Source LLC
LaVergne TN
LVHW010220060726
842527LV00007B/2578